Ln 19100.

NOTICE NÉCROLOGIQUE

SUR

MELCHIOR

FRÉDÉRIC SOULIÉ,

POÈTE ET LITTÉRATEUR,

DÉCORÉ DE JUILLET.

IMPRIMÉ PAR PLON FRÈRES,
Rue de Vaugirard, 36

NOTICE NÉCROLOGIQUE

SUR

MELCHIOR
FRÉDÉRIC SOULIÉ,

POÈTE ET LITTÉRATEUR,

DÉCORÉ DE JUILLET,

MORT A BIÈVRE, PRÈS PARIS, LE 23 SEPTEMBRE 1847;

PAR MM.

Victor Hugo, Alexandre Dumas,
Jules Janin, Paul Lacroix (le bibliophile Jacob),
Antony Béraud, Charles de Matharel
et Charles Menurier.

Et terminée par la liste complète des Œuvres de Frédéric Soulié.

EXTRAIT
DU NÉCROLOGE UNIVERSEL DU XIXe SIÈCLE.
B. SAINT-MAURICE CABANY,
Directeur et Rédacteur en chef.

AU BUREAU DE RÉDACTION ET A L'ADMINISTRATION,
Rue Cassette, 8, faubourg St-Germain,
ET CHEZ TOUS LES LIBRAIRES.

PARIS, 1848.

NOTICE NÉCROLOGIQUE

sur

MELCHIOR

FRÉDÉRIC SOULIÉ,

POÈTE ET LITTÉRATEUR,

DÉCORÉ DE JUILLET,

MORT A BIÈVRE, PRÈS PARIS, LE 23 SEPTEMBRE 1847.

La littérature et l'art dramatique sont en deuil. La tombe vient de s'ouvrir pour un de ces vaillants et robustes ouvriers de l'intelligence, dont le talent remarquable défrayait tous les jours la presse de Paris et les théâtres de France ; un de ces travailleurs infatigables dont la plume facile et la riche et ardente ima gination évoquaient à tour de rôle des drames si intéressants et si sombres, des créations si terribles et si fantastiques. Frédéric Soulié n'est plus. Il s'est éteint dans toute la force de l'âge, dans toute la verdeur de son talent, au milieu d'un dernier triomphe. Nous laisserons à d'autres, plus habiles que nous, le soin de peindre l'émotion cruelle qu'a causée une perte si grande, de détailler les brillantes qualités qui distinguaient entre tous le hardi penseur et le poète que pleure en ce moment le pays tout entier. — Voici comment M. Charles de Matharel s'exprimait dans le journal le *Siècle* du 27 septembre :

« Les lettres, l'art dramatique, la presse viennent de faire une perte douloureuse. L'une des imaginations les plus vives et les plus riches de ce temps s'est éteinte en pleine floraison, en pleine sève, alors que le *Siècle* venait de lui devoir un beau succès de plus, alors que le théâtre retentissait encore d'un des drames les plus émouvants qui aient été jamais représentés, *la Closerie des Genêts*, alors que tous nous attendions de nouveaux fruits de cette infatigable fécondité.

» Frédéric Soulié est mort bien jeune encore, et en

reportant nos souvenirs sur les œuvres qu'il a laissées, nous avons peine à comprendre comment si peu d'années ont suffi à faire éclore ces productions si nombreuses, ces créations tour à tour terribles et charmantes, ces romans auxquels la curiosité publique fut si ardemment attachée, ces drames accueillis par tant d'applaudissements populaires.

« L'émotion profonde qu'a causée cette mort soudaine, à nous surtout, qui, soldat obscur dans la mêlée dont il était l'un des chefs les plus glorieux, avons vu de près cet esprit si actif, cette haute raison, ce noble et grand cœur, ne nous permettrait pas, en fussions-nous capable, d'apprécier avec tout le calme nécessaire ce talent si varié, si souple, si énergique; ce que nous voulions seulement, c'était rendre un public hommage, avant que la tombe ne soit fermée, à l'ami, au poète, à l'un des maîtres de la littérature contemporaine. Nous avions donc écrit au bon et excellent Achille Collin, le secrétaire de Soulié, qui depuis quinze ans ne l'a pas quitté, pour qu'il voulût bien nous révéler le plus possible de détails sur la fin de notre ami, de notre frère de lettres, si toutefois il peut être permis à l'un de nous de se parer de ce titre. La lettre de notre confrère nous a arraché des larmes, nous n'avons pas osé en extraire un mot, nous la donnons à nos lecteurs ; elle a été écrite au courant de la plume, avec la fièvre, les yeux mouillés. Tous les gens de cœur, tous ceux qui aimaient Soulié, c'est-à-dire tous ceux qui l'ont connu, la liront en sanglotant :

« Que vous dirai-je, mon cher ami ? L'histoire de ce pauvre et excellent Frédéric Soulié ; je ne la sais plus, je ne sais maintenant que sa mort. Ses œuvres, vous les connaissez toutes ; des détails pour une biographie, j'aurais peine à la coordonner, et je ne veux pas trop me souvenir ; il y a deux jours, j'étais plein de sa vie, aujourd'hui je ne suis plein que de sa mort, je ne puis vous parler que de sa mort.

« Voilà bientôt trois mois que sa mort a commencé, aussitôt que la maladie l'a touché, il s'est senti perdu ; il n'a plus parlé, il n'a plus agi, il n'a plus pensé que dans la prévision de sa fin inévitable. Une funeste certitude s'était emparée de lui. En vain essayait-il de la repousser, encore ne la repoussait-il que par l'énergie de la prière. Il demandait à Dieu de ne pas encore compter le nombre de ses jours ; il le suppliait de le laisser vivre deux ans, un an encore, le temps d'achever les dessins qu'il avait ébauchés, d'écrire les choses dont il allait emporter le secret ; le temps de dire ce dernier mot d'un talent nouveau qui lui avait été révélé, mais qu'il n'avait pas encore dit.

» Cette prière ne devait pas être exaucée, mais Dieu, qui connaît seul toutes ses grâces, lui réservait sans doute une consolation meilleure. La religion le visita en même temps que la mort. Dès ce moment, il ne fut plus que sérénité, qu'affection douce et que tendresse. Nos soins ne pouvaient plus le sauver, il ne s'abusait pas, mais il les aimait, et s'attachait à nous en payer tous par de bonnes paroles. Il nous disait à chaque instant : Je ne suis pas un roi, je ne suis pas un prince, et jamais prince ni roi n'a été servi comme je suis servi, n'a été entouré comme je suis entouré.

» Il est vrai que nous avons bien lutté avec le mal, et s'il nous a vaincus, du moins n'a-t-il jamais surpris notre vigilance. Deux jours après l'invasion de la maladie, deux médecins prenaient leur poste à son chevet, et il ne demeura plus une heure sans avoir l'un ou l'autre attentif sur ses jours : M. Massé, M. Boileau, se partageaient les veilles. L'un était de garde auprès de lui du soir au matin, l'autre du matin au soir, et toujours tous deux se rencontraient avec M. Récamier, qui venait en consultation le matin et le soir. Outre les deux docteurs, amis et médecins tout ensemble, Frédéric Soulié avait auprès de lui une sainte sœur de Notre-Dame-de-Bon-Secours. Si la nuit semblait devoir être calme, c'était Béraud, le directeur du théâtre de l'Ambigu, c'était Boulé, c'était M. Victor Provost, c'était moi, c'était un de nous quatre qui passait la nuit à son chevet; s'il y avait recrudescence de douleur, c'étaient tous les quatre à la fois, comme si nous avions été plus forts en nous réunissant ; c'étaient surtout madame Béraud et sa mère, madame Béraud toujours femme courageuse et dévouée, qui ne s'en fiait qu'à elle et qui ne se reposait pas même sur la science des docteurs, sur le zèle infatigable de la pieuse sœur et sur notre amitié.

» Enfin, vous le voyez, nous n'avons rien fait, puisque nous n'avons pas rendu ce grand talent aux lettres, ni ce cœur admirable à tous ceux qui le chérissaient comme vous ; mais ce besoin d'affection, qui redoublait avec l'approche des derniers instants, a peut-être eu quelques bonnes heures. La sympathie publique nous est venue en aide. Je lui disais combien il était aimé, comme sa maladie était devenue l'entretien de tout le monde. Je lui nommais les personnes qui s'informaient incessamment de sa santé, et un jour il fondit en larmes : « Qu'ai-je donc fait, demanda-t-il, qu'ai-je donc fait pour mériter tout cela ? — Ce que vous avez fait, lui répondit madame Béraud, vous avez été un bon homme ! » Je laisse le mot, tâchez de le lire du même ton qu'il a été prononcé, et il vous touchera. Un bon homme, c'est un si bel éloge à celui dont on peut dire aussi qu'il a été un grand homme !

» Le lendemain, je mis une feuille de papier blanc sur mon bureau ; chacun de ceux qui vint s'enquérir de Bièvre et du malade y inscrivit son nom ; le soir je rapportai la feuille avec deux cents signatures.

» C'était le seul baume bienfaisant que nous pouvions poser sur ce cœur qui l'a tué.

» Au milieu de nos alternatives d'espérances et de douleurs, à travers les mille délais et les mille retours du mal, la mort achevait son œuvre. Dans la nuit du 22 au 23 septembre, il sentit qu'elle arrivait à lui ; hélas ! nous ne la pensions pas si proche : il se pencha alors vers M. Massé :

« Docteur, lui dit-il, entre le malade et le médecin il y a une heure où rien ne saurait plus être caché ; parlez-moi franchement, parlez-moi sincèrement ; la mort va-t-elle bientôt venir ? »

» Et, pour détourner la réponse, je m'approchai alors en lui demandant s'il avait froid.

« Je n'ai pas froid, me répondit-il, mais je suis un mort. »

» Et puis il se fit un silence jusqu'à ce qu'il reprit la parole pour dire sans émotion, comme un homme qui analyse et qui observe : « Voici le commencement de la fin. » C'était l'invasion de l'agonie. Le malade l'attendait, il l'accueillit doucement.

« Plus de remède, nous dit-il, je ne prendrai plus rien ; qu'on ôte la bouteille d'eau chaude que j'ai sous mes pieds, ne me tourmentez plus, ne me pressez plus, laissez-moi calme, ne me détournez pas, ne cherchez pas à me distraire lorsque je me recueille pour mourir. »

» Ainsi, prêt pour la mort, il demanda tous ceux qui

l'avaient soigné durant sa maladie; il appela aussi son domestique, il voulut que tout le monde l'entourât.

« Tout le monde auprès de moi, disait-il, que je voie tout le monde. » Et alors, comme le moment était solennel et n'admettait plus le mensonge ni le mystère, on se prit à s'entretenir avec lui de sa mort. « Qu'elle est longue ! » disait-il, et on lui répondait : « Soyez patient, vous cesserez bientôt de souffrir. »

» Il ne se lassait pas de nous regarder tous, et de nous dire affectueusement, mais d'une voix presque éteinte : « Je vous vois, je vous vois encore, » et il nous désignait tous par nos noms.

» Il y eut un moment admirable et terrible. Cette agonie, si peu semblable à une lutte, prit un caractère plus violent, et l'asphyxie, on le croyait du moins, allait suffoquer le malade.

» Alors la sœur de Bon-Secours se prit à réciter tout haut les suprêmes prières. Frédéric Soulié les redisait à voix basse, et nous tous, fondant en larmes, nous les répétions avec lui, pour lui et sur lui. Mais l'heure n'était pas encore arrivée, l'asphyxie cessa de croître et d'envahir. Frédéric Soulié avait Béraud à sa gauche, madame Béraud à sa droite ; Béraud lui tenait la main gauche : « Mon ami, lui dit le mourant, cette main est déjà inerte, elle ne sent plus celle d'un ami, si vous en voulez une qui réponde à votre étreinte, prenez celle-ci. » Et il lui tendit la droite, l'autre appartenait déjà à la mort.

» Vous n'imaginerez jamais une sérénité pareille à celle qui se répandit doucement sur le visage de celui qui nous quittait. Avant de se retirer d'avec nous, il voulut nous laisser à chacun un souvenir ; il donna son portrait, sa montre, sa tabatière. Comme madame Béraud cherchait à lui mettre une bague au doigt en lui disant qu'elle la reprendrait plus tard. « Plus tard!... Oh! non, madame, fit-il tout bas, on ne reprend jamais un bijou sur un cadavre, cela porte malheur. »

» A l'heure de la mort notre admirable ami semblait transfiguré ; sa pensée s'élevait, sa langue était la langue immortelle de la poésie. Il parlait et ne parlait plus qu'en vers. Il adressait des vers à tous ceux qui l'entouraient : à ses deux médecins, à ses amis présents, aux artistes absents qui avaient eu leur part dans ses succès ; nous écoutions, nous prêtions l'oreille ; malheureusement le hoquet entrecoupait ses paroles et ne nous permettait pas toujours de les saisir complétement. Je pris un moment la plume et j'écrivis sous sa dictée. J'avais été pendant près de quinze années son secrétaire. Dieu fut assez bon pour me permettre de l'être encore à sa dernière minute.

» Je ne vous donnerai pas ses vers, Béraud les a recueillis, et il vous les redira à tous sur sa tombe.

» Si, à ces derniers instants, quelqu'un était entré parmi nous, il aurait vu nos pauvres courages ébranlés, la force de la pauvre sœur confondue, tout le monde éclatant en sanglots, et le mourant, lui seul, les yeux levés au ciel, aspirant après le repos dans la paix infinie.

» Il avait une telle foi, un tel rayonnement de confiance sur le visage, que Béraud prit son fils par la main et demanda pour lui la bénédiction du mourant. « Enfant, lui dit Frédéric Soulié, tu es appelé bien jeune à voir un sévère spectacle; aime ton père, aime ta mère, et sois bon pour tous; quand on n'a fait de mal à personne, on meurt tranquille comme je meurs. Regarde! » Puis il recommanda à Béraud d'aller consoler son père, son père qu'il aimait tant, et qu'il n'avait pu embrasser avant de mourir.

» Encore quelques instants et ses yeux se voilèrent sans qu'il les eût détachés de ceux qui n'étaient qu'une famille autour de lui. Sa tête se renversa, deux larmes s'échappèrent de ses yeux, il n'était plus. Ainsi est mort un homme de bien, qui sera un homme illustre et qui n'a cependant donné que la moindre part de son talent à sa gloire. Ceux qui l'ont connu savent seuls ce qu'il portait encore dans son cœur et dans sa tête; mais c'est là ce qu'il vous appartient de dire et que vous direz mieux que moi. Pour moi, ma tâche est remplie; soyez l'interprète du deuil public; je porterai le mien en secret, moi qui ne suis rien, moi qui ne puis avoir qu'un orgueil et qui le garderai toute ma vie, celui d'avoir aimé Soulié, celui d'avoir vécu auprès de lui, d'avoir été de moitié dans ses secrets, et de me dire : Il m'a traité comme un ami, il m'a toujours nommé son frère.

» Achille Collin. »

« Un autre poète, car la lettre que vous venez de lire est tout empreinte de poésie, -- la poésie n'estelle pas la langue du cœur! — Adolphe Dumas, qui a eu le douloureux privilége d'assister aux derniers moments de Frédéric Soulié, rend compte de son agonie en quelques mots adressés peu d'heures après la mort du poëte à l'un des journaux du soir :

« Soulié s'est vu mourir, ou plutôt son âme a vu mourir son corps avec une tranquillité lucide, qui ressemble à tout ce qu'on a écrit sur la mort des justes. Voici ces dernières paroles : « J'aurais bien besoin de
» vivre pour être reconnaissant; Béraud, ayez soin de
» mon vieux père. Voici des vers que je compose pour
» vous tous; écrivez-les, Collin. Faites approcher cet
» enfant, faites-le mettre à genoux ; c'est un ensei-
» gnement pour lui. Je n'ai jamais écrit contre la reli-
» gion ; si je l'ai fait quelque part, c'est par légèreté.
» Merci, mes bons amis, vous êtes tous là, je vous vois
» bien tous. J'ai les pieds trop chauds. — Mais, mon
» ami, vous aurez froid. — Tant mieux, la mort vien-
» dra plus vite. — Vous voyez bien que vous avez
» froid. — Non, je suis mort. » Voilà son dernier mot, et ce que la mort a permis pour nous consoler et pour nous persuader de l'immortalité de cette âme.

» Les biographies vont commencer pour l'histoire de cette vie laborieuse, qui a débuté par *Roméo et Juliette*, et qui finit par des vers à son dernier soupir ; et nous recueillons aussi cet enseignement, à cette heure toute troublée, que la France vient de perdre sans doute un grand poète qui n'a pu l'être.

» Ses souvenirs de *Roméo et Juliette* lui ont fait écrire les *Amants de Murcie*; plus tard, à quarante ans, il était fidèle à sa poésie et à ses amours de jeunesse ; et, s'il n'a pas été le poète qu'il voulait, il l'a dit dans les *Mémoires du Diable*, c'est qu'il avait en horreur de la misère, et que sa plume était trop riche pour mourir de faim. »

« Nous n'avons rien à ajouter à ces lettres touchantes, écrites sous l'impression des derniers adieux. Qu'on nous permette quelques lignes biographiques.

» Frédéric Soulié est né avec ce siècle, qui sera fier de le compter au nombre de ses plus glorieux enfants. Il était fils de M. Melchior Soulié, tour à tour directeur de l'Enregistrement et des Domaines à Rennes et à Nantes, où le jeune Frédéric fit ses études. Son père le fit entrer en qualité de commis dans l'administration dont il était chef. On raconte que bien souvent il désertait le bureau avec tous ses jeunes confrères; le chef se montrait furieux, mais Soulié envoyait quelques vers spirituels et charmants, et tout le monde était pardonné.

» On comprend combien cette imagination ardente devait se trouver à l'étroit dans les monotones labeurs de la bureaucratie. Aussi, à peine âgé de vingt-deux ans, Frédéric quitta-t-il l'administration pour demander à l'industrie un peu de liberté. Il dirigea un vaste établissement de scierie pour tous les bois riches destinés à l'ameublement. Mais bientôt la muse l'entraîna vers de plus hautes régions. Il rêva d'abord les gloires du théâtre, et ce fut au milieu de ses préoccupations industrielles qu'il écrivit, sous la puissante inspiration de Shakspeare, son *Roméo et Juliette*. On sait ce qui se passa à propos de la représentation de cette pièce, qui avait été accueillie avec une certaine opposition par le public. L'un des plus célèbres critiques du temps adressa au poète, sous forme de lettre publique, des compliments de condoléance. Il disait à peu près en substance à Frédéric Soulié qu'il regrettait vivement de l'avoir vu tomber. — L'auteur (nous ne garantissons pas les termes) lui répondit spirituellement dans le même journal : « Il est possible que je sois tombé, vous savez que cela peut arriver à tout le monde, mais je n'accepte pas vos compliments de condoléance, car il me serait très-dur de tomber dans vos bras. »

» A partir de cette époque, Frédéric Soulié fut acquis aux lettres sans retour, et c'est de cette époque que date la vaste série de ses productions, qui ont captivé si longtemps l'attention publique.

» Il y a toujours plusieurs hommes dans un homme, » disait Montaigne : cela est vrai surtout de l'écrivain ; il n'en est pas un chez lequel il ne soit facile d'observer et de distinguer plus ou moins nettement les diverses couches intellectuelles dont l'ensemble constitue l'individualité littéraire. Chez Frédéric Soulié, deux grandes divisions frappent d'abord : le romancier et l'auteur dramatique, poètes et penseurs tous les deux. Mais chacune de ces divisions se subdivise à son tour, et l'étude, même rapide, des divers aspects de ce talent si vigoureux fait naître des réflexions douloureuses sur le désordre social qui a succédé dans notre pays à nos grandes révolutions, désordre qui amènera sans doute une réaction que nous ne verrons pas.

» Jeté dans la vie commune comme nous tous, sans direction, sans but, sans vocation arrêtée, Frédéric Soulié a d'abord été artisan, puis il s'est réveillé poète, il a fait un chef-d'œuvre ; et puis il a fallu vivre, et de cette vie pénible, laborieuse, qui exige tant, qui use vite et qui dévore tout. Il s'est fait journaliste : il a écrit dans la *Pandore*, dans le *Corsaire*, dans l'*Artiste*, dans le *Journal général de France ;* puis bientôt les *Débats*, la *Presse*, la *Quotidienne*, le *Messager*, le *Siècle*, ont publié ses romans, pendant que les principaux théâtres jouaient ses pièces. L'artisan était devenu manœuvre de lettres. Sans doute, dans toutes ses productions, on retrouve l'immense talent qui ne pouvait jamais lui faire défaut, mais une critique sévère aurait à signaler dans le style de l'écrivain les traces inévitables d'une excessive précipitation, d'une périlleuse fécondité. — Un jour, tout infime que nous soyons, nous tenterons peut-être cette œuvre d'impartialité, avec le respect dû à un si grand talent ; aujourd'hui, nous avons devant nous l'aimable, l'excellent confrère que tous nous regrettons. — Cent fois nous l'avons gardé pour nous tout seul, des heures durant, dans de douces et délicieuses causeries. Dire combien il était bon, facile, modeste ; dire combien son caractère était droit, son âme loyale, sa parole franche, n'est pas chose possible.

» Frédéric Soulié était avant tout poète. Tout ce qu'il regrettait, c'était de ne pouvoir pas se livrer, sans inquiétude pour le présent, sans crainte pour l'avenir, à sa passion pour la langue d'Hugo et de Lamartine. Il a commencé sa vie littéraire et il l'a terminée en faisant des vers. Ces strophes suprêmes, testament des poètes, seront lues demain, comme nous l'a dit M. Achille Collin, sur le bord de sa tombe. On nous assure que ce chant du cygne est empreint d'un grand caractère de tristesse et de résignation biblique. L'auteur s'y compare à un riche cultivateur, qui, au moment de rentrer sa moisson, est assailli par l'orage qui noie ses gerbes et par le feu du ciel qui incendie sa maison.

» Il nous reste de l'homme que nous regrettons un volume de poésies. Rien de plus charmant que quelques lignes de lui qui précèdent cette publication. « Quoique j'aie écrit plus de cinquante volumes, dit-il (c'était en 1844), ce recueil, à lui tout seul, renferme plus de mes sentiments personnels que tous les livres que j'ai publiés... Si maintenant on me demande pourquoi je fais cette publication, il faudra bien que j'avoue qu'il y a de ma part beaucoup de cette faiblesse inhérente à la qualité d'auteur, que les gens mal élevés appellent vanité, et qui n'est qu'une tendresse aveugle pour ses enfants, tendresse qui préfère d'ordinaire les plus chétifs. J'aime mes vers, que j'ai presque tous faits quand je souffrais, ou bien quand je n'espérais plus, ou que je n'espérais pas encore ; je les aime, qui peut m'en vouloir? Il n'y a que ceux qui ont de l'esprit et point de cœur.

» Il s'est passé, à propos de ce volume et de quelques autres, une scène qui apprendra beaucoup mieux la vérité au public que toutes mes réflexions.

» Un jour que mon éditeur était chez moi, il admirait sur une tablette de ma bibliothèque une quarantaine de volumes tout nouvellement reliés.

» — C'est pourtant vous qui avez fait tout cela? me dit-il d'un air de triomphe (ceci est un sentiment particulier à l'éditeur de s'enorgueillir des œuvres de son auteur).

» — Hélas ! oui, c'est moi.

» — Déjà quarante volumes !

» — Sans compter le théâtre : tragédies, drames, opéras-comiques, etc., et sans compter aussi mes poésies.

» — Pourquoi ne les mettez-vous pas à la suite ?

» — Parce que les unes ont été publiées in-quarto, et les autres en in-dix-huit, et que cela dérangerait la pompeuse régularité de mes in-octavo, à moins d'en faire une nouvelle édition.

» Mon éditeur réfléchit un moment ; puis il me dit, comme un homme qui va faire une grande action de dévouement :

» — Dame ! si cela pouvait vous faire grand plaisir, je ferais volontiers une belle édition in-octavo de votre théâtre et de vos poésies.

» Comme par un prestige subit, je vis s'allonger à mes yeux la longue ligne de tous mes volumes ; elle me sembla prendre un développement superbe. Je lus sur le dos de ces futurs volumes les numéros 45, 46, 48, 50. Je fus fasciné, et je répondis avec empressement :

» — Mais vous me ferez grand plaisir. — Et voilà peut-être pourquoi je publie mes poésies. »

» Cette bonhomie, cette simplicité se retrouvent dans toute la vie de l'homme que nous pleurons aujourd'hui. Jamais sa bourse n'est restée fermée ; sa plume et son or étaient toujours au service de ceux qui étaient malheureux. — Il aimait les artistes et s'honorait de leur société autant que de celle des plus grands personnages. Les jours où il recevait, ses salons n'étaient pas assez grands pour contenir tout ce que la presse, le théâtre, les lettres, la politique elle-même, avaient de plus illustre.

» Hier la petite église de Bièvre était pleine, tout le village en deuil s'y était rendu : les habitants, bourgeois et cultivateurs, assistaient à cette messe dite par le prêtre qui avait reçu le dernier soupir du célèbre écrivain ; une femme, tout en noir, qui durant quatre-vingts nuits n'avait pas quitté le chevet du malade, s'est approché de l'autel et a communié devant tout le village.

« Demain nous nous presserons tous autour de la dépouille mortelle de notre illustre confrère ; — des voix éclatantes diront sur sa tombe ce qu'il a été et les regrets unanimes qu'il inspire ; — trois grandes corporations doivent escorter son corps jusqu'à sa dernière demeure : la Société des gens de lettres, la Société des auteurs dramatiques, la Société des artistes ; on parle de préséance, on parle de conflit possible ; il n'y en aura pas, il ne peut y en avoir. Auteurs dramatiques, artistes, gens de lettres, tous sont frères, tous doivent être appelés ensemble, tous ne forment qu'une grande et même association, et chacun n'ira là qu'avec une pensée : celle d'honorer un grand talent, un beau caractère, et pleurer un ami. »

Dans le journal *la Presse*, du 27 septembre, nous trouvons l'article suivant signé de M. Charles Monselet.

« Paris est le tonneau des Danaïdes ; on lui jette les illusions de sa jeunesse, les projets de son âge mûr, les regrets de ses cheveux blancs, il enfouit tout et ne rend rien. O jeunes gens que le hasard n'a pas encore amenés dans sa dévorante atmosphère, ne venez pas à Paris si l'ambition d'une sainte gloire vous dévore. Quand vous aurez demandé au peuple une oreille attentive pour celui qui parle bien et honnêtement, vous le verrez suspendu aux récits grossiers d'un trivial écrivain, aux récits effrayants d'une gazette criminelle; vous verrez le public crier à votre muse : Va-t'en, ou amuse-moi ; il me faut des astringents et des moxas pour ranimer mes sensations éteintes; as-tu des incestes furibonds ou des adultères monstrueux, d'effrayantes bacchanales de crimes, ou des passions impossibles à me raconter? Alors parle, je t'écouterai une heure, le temps durant lequel je sentirai ta plume âcre et envenimée courir sur ma sensibilité calleuse ou gangrenée; sinon, tais-toi, va mourir dans la misère et l'obscurité. — La misère et l'obscurité! entendez-vous, jeunes gens? La misère, ce vice puni par le mépris; l'obscurité, ce supplice si bien nommé. La misère et l'obscurité, vous n'en voudrez pas! Et alors que ferez-vous, jeunes gens? Vous prendrez une plume, une feuille de papier et vous écrirez en tête : *Mémoires du Diable*, et vous direz au siècle : Ah! vous voulez de cruelles choses pour vous en réjouir, soit, monseigneur, voici un coin de votre histoire. »

» La vie de Frédéric Soulié est toute dans ces lignes, écrites par lui en 1837, il y a dix ans de cela, — préface amère d'un livre de rage et de larmes.

» En a-t-il fait passer assez de douleurs inouïes, d'aventures étranges, de drames éplorés, sous cette arche triomphale élevée à Satan dans un jour de désespoir! Ce n'était plus avec une plume, c'était avec un charbon rouge qu'il écrivait. Son Diable n'avait aucune des traditions de Lewis ou de Mathurin; il était vêtu de noir et de blanc comme un valseur, mais il était réel comme un procureur du roi. Cela le rendait encore plus effrayant à voir et à lire. — Le jeune homme qui l'avait appelé à lui pour fuir la misère et l'obscurité, une nuit que ses larmes tombaient silencieusement sur ses vers inconnus et sur ses histoires d'amour incomprises, dut hésiter avant de se cramponner à la queue du manteau qui allait l'enlever de terre. Il renonçait pour longtemps, pour toujours peut-être, aux douces causeries avec la muse de sa jeunesse et de son cœur; il partait pour un voyage lointain et hardi, à travers les routes tortueuses du monde, les alcôves, les boudoirs, les comptoirs, les estaminets et la Cour d'assises. Il pouvait n'en pas revenir.

» Il n'en est pas revenu, en effet.

» A dater de cette heure, sa littérature est devenue une littérature à coups de pistolet, un couteau incessamment plongé et remué dans la gorge de l'humanité, une perpétuelle cause célèbre. A peine si de temps en temps il lui a été donné de se ressouvenir, comme dans le *Lion amoureux*, qu'il y avait çà et là des amours chastes dispersées sur la terre, des bouquets séchés à des corsages de seize ans, des rendez-vous sous les tilleuls enivrants des avenues. Le diable l'emportait dans une course sans frein, haletante, pleine de ricanements, et tous les deux s'en allaient, terribles, implacables, tuer des hommes, déshonorer des femmes, déchirer des voiles et des parures pour le seul plaisir de philosopher tranquillement, un instant après, au fond d'un ravin ou sur un sofa taché de sang. — Pauvre Frédéric Soulié ! né poète, mort poète, sans avoir eu son heure suprême de poésie.

» Des voix amies raconteront l'homme sur la tombe de l'écrivain. Laissez-moi raconter en quelques mots l'écrivain sur la tombe de l'homme. — C'était une plume vaillante, un esprit énergique, un talent incontestable. Son nom reste attaché à plus de cent volumes : roman, drame, histoire, opéra, critique même, il a tout abordé, il a touché à tous les rivages de la littérature. Sans avoir la loupe microscopique de Balzac, la touche passionnée de George Sand, la verve splendide d'Alexandre Dumas, il a glorieusement conquis une place à leur côté. Ceux-ci avaient l'esprit, la grâce, la fantaisie, l'amour, la passion ; lui a eu la force, qui lui a souvent tenu lieu de tout. Aussi quels muscles dans ses drames ! C'est l'homme des colères par excellence, des haines vigoureuses, des violences farouches ! — Et jusqu'à : *Je vous aime !* tout s'y dit brutalement : cette brutalité a fait deux ou trois chefs-d'œuvre : *Clotilde, les Mémoires du Diable et la Closerie des Genêts*.

» Il débuta vers 1830, comme tout le monde, avec des drames à la Shakspeare et deux ou trois romans dans le goût de sir Walter Scott. On lui siffla ses drames, comme on sifflait tous les drames en ce temps-là. « C'est, en vérité, un pitoyable métier que celui d'auteur dramatique, s'écrie-t-il dans une préface... vous avez égorgé mon drame sans le connaître ! » Pourtant il ne se rebuta pas, parce qu'il avait la force. Le Théâtre-Français lui fut plus heureux que l'Odéon. Il fit des comédies avec M. Bossange, avec M. Arnauld, avec M. Badon, avec tout le monde ; il fit un opéra-comique avec Monpou, le charmant musicien qui l'a précédé au tombeau ; et d'opéra en comédie, de comédie en drame, de drame en roman, il commença peu à peu à s'appeler Frédéric Soulié.

» Alors il se remit à travailler tout seul. *Clotilde* avait donné la mesure de ce talent fougueux et volontaire. *Diane de Chivry* en révéla les aspects attendris. Il entra en maître dans le roman-feuilleton, botté, éperonné, cravaché, et il lança à fond de train dans les journaux ses histoires altières et sauvages. Pendant dix ans il s'est attaché à peindre la société sous les couleurs les plus sombres ; pendant dix ans il a disputé pied à pied le premier rang où il s'est placé du premier coup ; pendant dix ans il a tenu en échec les succès d'Eugène Sue ; il a balancé la fécondité de l'auteur des *Mousquetaires* ; il a fait tête aux nouveaux venus poussés de toutes parts et dressés en une nuit autour des réputations anciennes. Rien n'a réussi à l'abattre, nul ne l'a fait pâlir. Seulement, quand la critique a été lasse de le mordre par les côtés attaquables de ses livres et de ses pièces, il s'est retourné et il s'est fait critique à son tour : critique de théâtre et de romans, rien que pour quelque semaines, — histoire de rire, — et mal en a pris à ses ennemis et à ses détracteurs. C'était la griffe du léopard jouant à la main chaude.

» Nous ne rappellerons pas tous les romans de Frédéric Soulié, dont il est réservé à l'avenir de faire le triage. Plusieurs ne sont que de chaleureuses improvisations. Nous nous contenterons d'en citer trois ou quatre qui se trouvent dans toutes les mémoires, tels que le *Maître d'école*, brûlante esquisse révolutionnaire ; les *Drames inconnus*, qui contiennent une idée immense, et *la Comtesse de Monrion*, publiée dans *la Presse*.

» C'est plutôt par l'idée que par la forme, et c'est surtout par l'action, par le sentiment, par la véhémence en un mot, que la plupart des œuvres de Frédéric Soulié resteront vivantes dans l'histoire littéraire du dix-neuvième siècle. Nous le répétons, parce que là est le côté distinctif de son talent. Chez lui, la forme, à proprement parler, ne tient le plus souvent qu'une place secondaire. Il marche, non point pour faire admirer la grâce de sa tournure ou la richesse de son habit, mais pour arriver tout bonnement au but qu'il se propose. Ce n'est point un auteur petit-maître, chaussé d'escarpins à talons rouges, qui procède par entrechats et par cabrioles, faisant la roue et secouant la poudre de ses cheveux ; c'est un voyageur en souliers ferrés, avec un bâton ferré, emporté sur un chemin ferré. S'il rencontre en route une bonne fortune de style, il la saisit par la fenêtre du wagon, mais il ne la guettera point ; ou si, dans l'intervalle d'une station, il s'arrête à piper des mots en l'air, ce sera alors quelque grosse excentricité comme « une voix éperonnée de sourires moqueurs ; » mais ces curiosités sont heureusement rares chez lui, et il faut vraiment qu'il n'ait rien de mieux à faire pour s'amuser à guillocher des phrases de la même façon qu'un pâtre guilloche un aubier.

« Au théâtre, son succès est peut-être moins net, moins franc, moins décidé. Longtemps il a cherché sa route à travers la tragédie, la comédie et le drame ; souvent on dirait qu'il se sent à l'étroit sur les planches du théâtre ; il est saccadé, contraint ; il ose trop et n'ose pas assez. *Le Proscrit* et *Gaëtan*, quoique renfermant des scènes d'une beauté réelle, sont peut-être indignes de l'homme qui a écrit *Clotilde*. Dans les derniers temps il avait installé son drame en plein boulevard. — Son drame s'appela dès lors *l'Ouvrier*, *les Étudiants*, *la Closerie*, et devint le drame du peuple. Il dit adieu aux grandes dames de la comédie, comme il avait déjà dit adieu aux grandes dames du roman ; il prit ses héros et ses héroïnes dans la rue, dans la mansarde, un peu partout ; il ne s'inquiéta pas s'ils étaient bien ou mal vêtus, bien ou mal nourris. Il copia ses Ouvriers comme Murillo copiait ses Mendiants, avec la même fierté, dans le même réalisme. — Sa dernière œuvre indiquait un acheminement à la véritable poésie, à la poésie du cœur.

» Frédéric Soulié est mort à quarante-sept ans. »

Enfin M. Jules Janin, notre excellent et spirituel critique, s'exprimait ainsi dans le feuilleton du *Journal des Débats :*

« Hélas ! notre ami, notre frère, l'aimable esprit, l'infatigable inventeur, la sincère passion qui s'est répandue çà et là avec tant d'abondance, dans tant de beaux livres, Frédéric Soulié est mort l'autre soir, après une agonie de quatre vingts jours, dans sa maison de Bièvre, une maison à peine achevée, et dans laquelle il rêvait, l'infortuné, de si belles heures d'oisiveté et de repos! La mort de cet écrivain, populaire à tant de titres, sera l'objet d'un deuil général. Quoi! cet homme qui nous a arraché tant de larmes, qui nous a fait paraître si courtes les longues soirées de l'hiver, ce romancier fécond et plein de verve, qui ajoutait une joie nouvelle aux joies mêmes du printemps, ce poète du drame, qui soulevait les multitudes, cet amoureux, ce goguenard, ce bel esprit, ce bon homme, on le laisserait mourir sans le pleurer, et tant de gens qui l'aimaient pour son talent, pour son esprit, pour ses grâces ingénieuses, le laisseraient partir, si jeune encore, sans dire : *C'est dommage!* Non, il faut croire à la reconnaissance publique, et que dans cette foule de lecteurs quelques âmes reconnaissantes se rencontreront, qui partageront nos regrets, nos sympathies, notre vive et profonde douleur.

» Il n'y a pas si longtemps déjà que, sur le bord de la tombe honorée où M. Aimé Martin allait descendre, M. de Lamartine, d'une voix émue, rendait à ce *frère de son cœur* ce témoignage, que M. Aimé Martin n'avait jamais été qu'un homme de lettres, et cette suprême louange fut accueillie comme une justice pleine de goût et de vérité. On peut dire, on doit dire de Frédéric Soulié, que lui aussi, dans cette carrière si remplie, il a vécu uniquement pour les lettres; il a été un écrivain, et rien de plus; il appartenait à cette petite église de littérateurs dévoués et fidèles qui vivent de leur propre vie, sans avoir besoin de l'aide et de l'encouragement de personne, étrangers à toute colère, loin de toute espèce d'Académie, inconnus à ceux qui gouvernent, fiers esprits dans leur modestie, qui tirent toute chose de leur propre fonds, et qui ont plus tôt fait d'écrire une belle page que de solliciter le Ministre de l'Intérieur ou de l'Instruction publique. Les laborieux, abandonnés à eux-mêmes, supportent, dans une proportion incroyable, les peines, les labeurs, les haines, les dégoûts, les doutes, les douleurs de la vie littéraire; ils meurent comme ils ont vécu, sans se plaindre, la plume à la main, et ne laissant après eux que ce noble outil qui leur donne le pain de chaque jour.

» Ainsi a vécu Frédéric Soulié, et quand on songe à tout ce qu'il a fait, à tout ce qu'il a tenté, à tant de livres, à tant de drames, à tant de rêves, à tant d'angoisses, à cette existence chancelante, à ce cœur malade qui se gonflait jusqu'à se rompre, quand cette pensée était en travail, on se sent saisi d'une profonde pitié. Ce malheureux homme ne s'est donc pas reposé un seul instant! Il a donc lutté nuit et jour contre ce mal qui devait l'étouffer! Il a donc jeté, non-seulement son âme, mais sa vie dans ses livres! Ses livres, qui les peut compter? A peine si les nomenclateurs nous diraient le nombre de ses drames, depuis *Roméo et Juliette* jusqu'au *Fils du Diable*, depuis *Christine* jusqu'à *la Famille de Lusigny*, *Eulalie Pontois*, *les Amants de Murcie*, *Gaétan*, *les Talismans*, *les Étudiants*, *l'Ouvrier*, *Clotilde*, *le Proscrit*, *une Aventure sous Charles IX*, et enfin son chef-d'œuvre, *la Closerie des Genêts*, qui restera comme un des plus beaux drames, des plus pathétiques, des plus complets de notre théâtre; ce sont des titres à notre souvenir! Et en même temps combien il a laissé de drames racontés, que de comédies dans ses livres, que d'esprit, que de grâce, de talent, de gaieté, de fortune heureuse! Que de pitié, que de terreur! Vous rappelez-vous, ici même, à cette place, cette charmante chose : *le Lion amoureux!* — et *les Mémoires du Diable!* Quelle fête immense, splendide! quel bal masqué! et avec quelle énergie ce poète arrachait leurs masques, à ces vanités, à ces mensonges, à ces laideurs! — Or, voilà ce qui m'afflige et ce qui me fait regretter cette mort si prompte !

— Cet homme eût été si heureux et si célèbre, il eût vécu si longtemps, s'il avait eu le droit de ne produire que *les Mémoires du Diable* et *la Closerie des Genêts!*

» Mais non, c'est le malheur des temps; une fois lancé dans cette carrière pénible et charmante des belles-lettres, il faut aller encore, il faut aller toujours. Le public veut de toi; obéis, esclave, à ton maître et seigneur! Plus de répit, plus de repos; chacune des matinées de ce peuple français dévore en trois heures plus de livres qu'il n'en fallait jadis pour suffire à notre consommation d'un grand mois. Il nous faut des contes le matin, des romans à midi et des drames le soir; et quand par malheur vous avez réussi à toucher cette foule indifférente, la foule ne veut plus entendre que vous seul; il faut satisfaire à ses appétits gloutons, aujourd'hui, demain, toujours, jusqu'à ce que vous mouriez à la peine, ou bien, ce qui est encore un plus grand mal, jusqu'à ce qu'un autre conteur plus heureux s'empare de l'attention du public; alors vous mourez de regrets et de douleur. — Tout bien compté, mieux vaut encore mourir de fatigue, au bruit des louanges et des applaudissements.

« Pauvre Soulié! il a langui bien longtemps, il ne voulait pas céder à ce mal invisible ; il était de ceux qui peuvent dire, en frappant leur front : *J'ai quelque chose là!* Il s'entourait de tout ce qu'il aimait. Si ses amis avaient pu le retenir à la douce lumière du jour! Il parlait de l'avenir encore ; il se promettait de réaliser bientôt, sur le théâtre qui était à lui, les nouvelles découvertes qu'il avait faites dans les chemins qui mènent à la pitié, à la terreur. De temps à autre il se plaignait à haute voix de partir si jeune encore ; mais enfin, quand il comprit que la nuit éternelle était proche, il se résigna ; il courba la tête et il prit congé de ses amis, comme un galant homme plein d'énergie et de courage! Cette douloureuse agonie, supportée avec tant de résignation, a couronné dignement une noble vie si remplie d'étude, de travail, d'amitié, de probité, de passions, d'espérances, des qualités les meilleures de l'esprit, des plus heureuses et des plus aimables vertus du cœur. Il avait à peine quarante-sept ans. C'est demain lundi que nous lui rendons les derniers devoirs! »

Sous le titre de *Funérailles de Frédéric Soulié*, le *Journal des Débats* du 28 septembre a publié un second article de M. Jules Janin, que nous rapporterons également.

« Aujourd'hui même, 27 septembre, dans l'église de Sainte-Élisabeth et au cimetière du Père-Lachaise, les derniers devoirs ont été rendus à Frédéric Soulié. Comme nous l'avions prévu, ces modestes funérailles d'un galant homme, qui n'a été toute sa vie qu'un homme de lettres, avaient attiré le concours empressé de cette foule intelligente qui ne manque jamais à la renommée, à la gloire, à l'esprit, à l'éloquence, aux beaux-arts, à la popularité bien acquise, cette popularité qui ne craint pas le jugement dernier de la mort. Dans cette foule empressée autour de ce cercueil rempli avant l'heure, on pouvait distinguer tous les noms connus et tous les noms célèbres de la littérature, de la poésie, du journal, du théâtre; car cet homme tant regretté appartenait, par ses succès, par ses études, à toutes les parties de cet art si difficile qui consiste à parler aux hommes la langue qui convient le plus à leur esprit, à leurs passions, à leur imagination, à leur bon sens. Venaient ensuite, mêlés au nombreux public que Frédéric Soulié avait tenu attentif par le charme tout-puissant de sa parole, les amis de ce poëte infortuné, les compagnons de sa jeunesse, les associés de son âge mûr, les honnêtes gens qui l'encourageaient de leurs conseils, hommes considérables dans les deux Chambres, dans le gouvernement, et même dans le sein de l'Académie française, car il était décidé à l'avance que pas un témoignage de sympathie ne manquerait à ce charmant et très-regrettable écrivain, à cette bonne et généreuse nature.

» De très-bonne heure l'église de Sainte-Élisabeth-du-Temple avait été envahie par les artistes, par le public de Frédéric Soulié, par les amis inconnus de son génie, par cette partie du monde parisien qui veut tout voir et tout savoir. — Cependant, après bien des efforts, le convoi a pu pénétrer dans l'église, et le service a commencé.

» Ce service était conduit par M. Artus, qui avait composé la messe funèbre ; plusieurs parties de cette belle composition ont obtenu l'assentiment unanime. La messe a duré deux heures, et il était près d'une heure lorsque le nombreux cortége s'est remis en marche dans le plus grand ordre. Les cordons du poêle étaient tenus par MM. Victor Hugo, le baron Taylor, Buloz, administrateur du Théâtre-Français, et Antony Béraud, le directeur de ce même théâtre de l'Ambigu-Comique, récemment élevé par Frédéric Soulié à la dignité d'un vrai théâtre littéraire. Le théâtre de l'Ambigu-Comique faisait relâche, et certes ce théâtre a grandement raison de regretter cette énergique, puissante et féconde inspiration, qui avait tant fait pour le présent, qui donnait tant d'espérances pour l'avenir.

» Il nous serait impossible de donner une juste idée de cette pompe étrange, de ce pêle-mêle d'hommes et de visages, de cette réunion imposante de tant de gens qui se connaissaient à peine l'un l'autre, et qui même ne s'étaient jamais rencontrés; mais la douleur était la même, et chacun se faisait un devoir d'accepter loyalement le deuil et la douleur de son voisin.

» Les boulevards étaient pleins de monde; la foule, toujours croissante, se montrait sur le seuil et aux fenêtres de chaque maison: on n'a jamais vu pareil concours, sinon dans les funérailles politiques, dans les deuils que portent les passions humaines; mais tant d'intérêt et même tant de curiosité pour un romancier, pour un poète dramatique, pour un rêveur, tant de gens qui ne l'ont jamais connu et qui veulent entrevoir ne fût-ce que le drap mortuaire qui le recouvre, voilà ce qui n'est pas croyable, et voilà pourtant ce que nous avons vu aujourd'hui.

» Arrivée au cimetière du Père-Lachaise, cette foule, toujours croissante, bruyante ici, calme là-haut, s'est quelque peu heurtée contre ces barrières de la mort; quelques cris d'effroi se sont fait entendre; plus d'un homme a été exposé aux violences involontaires que la multitude amène avec elle; mais bientôt le calme s'est rétabli, et alors nous avons pu voir, sur ces sévères et solennelles hauteurs, une nouvelle foule qui avait envahi tout l'espace. Pendant que nous accompagnions notre ami à son dernier asile, d'autres, non moins empressés, étaient venus pour l'attendre et pour le saluer une dernière fois au bord de son tombeau!

» Il a fallu bien du temps pour que chacun fût enfin à sa place, et alors M. Victor Hugo, de sa belle voix aidée de son beau geste, et dans l'attitude d'un homme qui sait commander aux multitudes, a prononcé le discours que voici :

« Les auteurs dramatiques ont bien voulu souhaiter

que j'eusse, dans ce jour de deuil, l'honneur de les représenter et de dire en leur nom l'adieu suprême à ce noble cœur, à cette âme généreuse, à cet esprit grave, à ce beau et loyal talent qui se nommait Frédéric Soulié. Devoir austère qui veut être accompli avec une tristesse virile digne de l'homme ferme et rare que vous pleurez. Hélas! la mort est prompte. Elle a ses préférences mystérieuses. Elle n'attend pas qu'une tête soit blanchie pour la choisir. Chose triste et fatale, les ouvriers de l'intelligence sont emportés avant que leur journée soit faite. Il y a quatre ans à peine, tous, presque les mêmes qui sommes ici, nous nous penchions sur la tombe de Casimir Delavigne, aujourd'hui nous nous inclinons devant le cercueil de Frédéric Soulié.

» Vous n'attendez pas de moi, Messieurs, la longue nomenclature des œuvres, constamment applaudies, de Frédéric Soulié. Permettez seulement que j'essaie de dégager à vos yeux, en peu de paroles, et d'évoquer, pour ainsi dire, de ce cercueil ce qu'on pourrait appeler la figure morale de ce remarquable écrivain.

» Dans ses drames, dans ses romans, dans ses poèmes, Frédéric Soulié a toujours été l'esprit sérieux qui tend vers une idée et qui s'est donné une mission. En cette grande époque littéraire, où le génie, chose qu'on n'avait point vue encore, disons-le à l'honneur de notre temps, ne se sépare jamais de l'indépendance, Frédéric Soulié était de ceux qui ne se courbent que pour prêter l'oreille à leur conscience, et qui honorent le talent par la dignité.

» Il était de ces hommes qui ne veulent rien devoir qu'à leur travail, qui font de la pensée un instrument d'honnêteté et du théâtre un lieu d'enseignement, qui respectent la poésie et le peuple en même temps, qui pourtant ont de l'audace, mais qui acceptent pleinement la responsabilité de leur audace, car ils n'oublient jamais qu'il y a du magistrat dans l'écrivain et du prêtre dans le poète.

» Voulant travailler beaucoup, il travaillait vite, comme s'il sentait qu'il devait s'en aller de bonne heure. Son talent, c'était son âme, toujours pleine de la meilleure et de la plus saine énergie; de là lui venait cette force qui se résolvait en vigueur pour les penseurs et en puissance pour la foule. Il vivait par le cœur; c'est par là aussi qu'il est mort. Mais ne le plaignons pas, il a été récompensé, récompensé par vingt triomphes, récompensé par une grande et aimable renommée qui n'irritait personne et qui plaisait à tous. Cher à ceux qui le voyaient tous les jours et à ceux qui ne l'avaient jamais vu, il était aimé et il était populaire, ce qui est encore une des plus douces manières d'être aimé. Cette popularité, il la méritait, car il avait toujours présent à l'esprit ce double but qui contient tout ce qu'il y a de noble dans l'égoïsme et tout ce qu'il y a de vrai dans le dévouement : être libre et être utile.

» Il est mort comme un sage qui croit, parce qu'il pense; il est mort doucement, dignement, avec le candide sourire d'un jeune homme, avec la dignité bienveillante d'un vieillard. Sans doute il a dû regretter d'être contraint de quitter l'œuvre de civilisation que les écrivains de ce siècle font tous ensemble, et de partir avant l'heure solennelle, et prochaine peut-être, qui appellera toutes les probités et toutes les intelligences au saint travail de l'avenir. Certes, il était propre à ce glorieux travail, lui qui avait dans le cœur tant de compassion et tant d'enthousiasme, et qui se tournait sans cesse vers le peuple, parce que là sont toutes les misères, parce que là aussi sont toutes les grandeurs. Ses amis le savent, ses ouvrages l'attestent, ses succès le prouvent, toute sa vie, Frédéric Soulié a eu les yeux fixés dans une étude sévère sur les clartés de l'intelligence, sur les grandes vérités politiques, sur les grands mystères sociaux. Il vient d'interrompre sa contemplation ; il est allé la reprendre ailleurs. Il est allé trouver d'autres clartés, d'autres vérités, d'autres mystères, dans l'ombre profonde de la mort !

» Un dernier mot, Messieurs. Que cette foule qui nous entoure et qui veut bien m'écouter avec tant de religieuse attention, que ce peuple généreux, laborieux et pensif, qui ne fait défaut à aucune de ces solennités douloureuses et qui suit les funérailles de ses écrivains comme on suit le convoi d'un ami ; que ce peuple si intelligent et si sérieux le sache bien : quand les philosophes, quand les écrivains, quand les poètes viennent apporter ici, à ce commun abîme de tous les hommes, un des leurs, ils viennent sans trouble, sans ombre, sans inquiétude, pleins d'une foi inexprimable dans cette autre vie sans laquelle celle-ci ne serait digne ni du Dieu qui la donne, ni de l'homme qui la reçoit ! Les penseurs ne se défient pas de Dieu ! ils regardent avec tranquillité, avec sérénité, quelques-uns avec joie, cette fosse qui n'a pas de fond; ils savent que le corps y trouve une prison, mais que l'âme y trouve des ailes!

» Oh! les nobles âmes de nos morts regrettés, ces âmes qui, comme celle dont nous pleurons en ce moment le départ, n'ont cherché dans ce monde qu'un but, n'ont eu qu'une inspiration, n'ont voulu qu'une récompense à leurs travaux, la lumière et la liberté; non! elles ne tombent pas ici dans un piége! non! la mort n'est pas un mensonge! non! elles ne rencontrent pas dans ces ténèbres cette captivité effroyable, cette affreuse chaîne qu'on appelle le néant! Elles y continuent dans un rayonnement plus magnifique leur vol sublime et leur destinée immortelle. Elles étaient libres dans la poésie, dans l'art, dans l'intelligence, dans la pensée; elles sont libres dans le tombeau! »

» Certes, ce sont là de belles paroles, et Frédéric Soulié ne pouvait pas espérer une plus belle oraison funèbre. M. Hugo l'a bien jugé, il l'a bien compris: il a été l'admirable interprète des meilleurs et des plus nobles sentiments; mais aussi comme il a été écouté: dans quel profond silence, et bientôt avec quels applaudissements unanimes! Pour notre part, nous ne savons pas de plus noble emploi du talent, de l'éloquence et de la popularité d'un grand poète que cette façon sympathique avec laquelle il fait une part de sa gloire à celui que la mort a frappé. — Si M. Victor Hugo n'a pas conquis un admirateur de plus dans toute cette foule, qui l'admire du fond de l'âme, il s'est fait de nombreux amis ce jour-là.

» Parler après un pareil homme, entreprendre de nouveau cette louange que M. Hugo avait épuisée en quelques paroles, c'était une tâche difficile. — M. le baron Taylor s'est tiré d'affaire avec du sentiment, avec des larmes, avec une douleur bien sentie. Il a parlé comme on parle quand on veut exprimer simplement une émotion sincère.

« Puis M. Paul Lacroix (1), au nom de la Société des gens de lettres, a prononcé le discours qui suit :

« Le Comité de la Société des gens de lettres, pour donner plus d'éclat à ses regrets, plus de solennité à cette triste cérémonie, plus de signification peut-être

(1) Connu sous le pseudonyme du *Bibliophile Jacob*.

au dernier hommage qu'il rend aujourd'hui à la mémoire d'un de nos plus illustres confrères ; le comité avait espéré que son président pourrait être ici son interprète. M. le comte de Salvandy, absent de Paris, se trouve empêché de remplir une honorable et douloureuse mission, qu'il eût acceptée comme un devoir ; elle lui aurait permis de vous faire entendre quelques-unes de ces généreuses, de ces consolantes paroles qui lui sont familières, et que n'eussent pas manqué de lui inspirer une mort si prématurée, hélas ! une vie si pleine d'œuvres à la fois brillantes et durables.

» Au lieu de la voix imposante que nous attendions, après la voix du grand poète qui a frappé si vivement vos esprits et qui vibre encore dans vos cœurs, la mienne ne saurait être que timide et faible ; mais elle sera soutenue, du moins, par la vieille amitié que je portais à notre regretté confrère, par la haute estime que j'accordais à son caractère, par la sympathie, par l'admiration qu'éveillent en moi ses ouvrages, enfin, par la conscience que j'ai, que vous avez tous, Messieurs, de la supériorité de cette époque littéraire dans laquelle Frédéric Soulié a mérité une si belle place.

» C'est avec un amer sentiment de douleur qu'on

voit un écrivain célèbre mourir à quarante-sept ans, dans la force de l'âge, dans la puissance du talent. N'est-ce pas le talent, n'est-ce pas le travail qui ont tué Frédéric Soulié? Telle est la destinée des gens de lettres de notre temps : le public, ce Mécène insatiable, leur demande sans cesse des œuvres nouvelles, plus fortes, plus originales que les précédentes ; à cette condition seule il n'oublie pas ses favoris ; de là, pour ceux-ci, les jours sans repos, les nuits sans sommeil ; de là, cette fournaise ardente de la pensée qui consume le corps ; de là, l'épuisement avant l'âge et la mort en pleine vie. Frédéric Soulié est tombé, comme tomberont beaucoup d'entre nous, Messieurs, victime, martyr de ses œuvres. A quarante-sept ans il laisse vingt drames et cent volumes de romans.

» Et pourtant, si Frédéric Soulié n'avait pas eu besoin de devoir à son imagination, à sa plume, l'indépendance de la fortune, il se fût plutôt, pour ainsi dire, recueilli dans quelques vers tendrement rêvés, dans quelques pièces de théâtre lentement conçues, lentement élaborées : il était né poète, il n'eût été que poète, la poésie l'avait passionné dès sa jeunesse, la poésie, qui n'a pas cessé de l'occuper jusqu'à son lit de mort.

Oui, Messieurs, s'il eût été libre de suivre sa chère vocation, s'il avait pu vivre autrement que par ses livres et par ses drames, ses talents de poète, de dramaturge et de romancier se fussent concentrés en deux ou trois œuvres de génie, et il serait encore parmi nous pour jouir longtemps de sa gloire, pour l'accroître sans doute, et pour la voir avec orgueil s'élever entre les gloires de son siècle; car il est impossible que la France ne puisse pas reconnaître ce que l'Europe, ce que le monde intellectuel a reconnu par acclamations : la splendeur de notre littérature contemporaine. Admirons le passé littéraire de la France, mais admirons aussi le présent, qui deviendra immortel à son tour aux yeux de l'avenir. Étrange préjugé! nous rapetissons nos grands hommes tant que nous les possédons ; il faut que nous les ayons perdus pour que le temps et la distance nous les montrent tels qu'ils sont, en les grandissant encore.

» Les œuvres de Frédéric Soulié ne périront pas. Ce qui leur manque quelquefois, c'est la correction, la perfection de la forme ; mais la création, l'invention de l'œuvre, l'étude des caractères, l'agencement des scènes, la combinaison des effets, ce sont là des qualités que Frédéric Soulié réunissait au plus haut degré; ce sont ces qualités qui lui ont fait une réputation si populaire, si incontestée. Il prend son lecteur à l'ouverture du livre, il s'empare de son spectateur à l'exposition du drame ; il les charme, il les captive, il les tient en suspens sous les poignantes impressions de la pitié et de la terreur pendant cinq actes, dans l'espace de dix volumes, et il ne les quitte au dénoûment que remplis d'émotions profondes et ineffaçables. Dramaturge dans ses romans et romancier dans ses drames, il est toujours poète, et l'on sent dans tous ses écrits comme le souffle de son âme rêveuse et mélancolique. On l'a comparé à Lewis, à Mathurin, ces deux poètes romanciers de l'Angleterre ; mais Frédéric Soulié était essentiellement français par l'esprit, par cet esprit qui est la langue universelle de notre pays à toutes les époques, et qui, dans la nôtre, par malheur, trouve plus de gens qui la parlent que de gens qui la comprennent.

» Honneur au poète, au dramaturge, au romancier qui a consacré toutes ses pensées, tous ses instants aux lettres ; qui s'est détourné des voies arides de l'ambition pour n'avoir qu'une seule ambition, celle du succès littéraire ; qui a servi les mœurs publiques par l'enseignement du théâtre et de la littérature ; qui a fait beaucoup pour son temps, beaucoup pour son pays et qui est mort à la peine dans cette sainte croisade de la littérature! Honneur au littérateur qui, avec un talent bien digne d'exciter l'envie, n'a su se faire que des émules qui le regrettent et des amis qui le pleurent.

» C'est un rare exemple à imiter, Messieurs: du travail, un travail immense, infatigable; une âme sereine, un excellent cœur, sans haine, sans jalousie, sans autre passion que la passion des lettres, la plus noble, la plus douce, la plus grande des passions.

» Ah! si M. le comte de Salvandy, membre de l'Académie française, ministre de l'Instruction publique, avait pu prendre la parole! Comme membre de l'Académie, il nous eût dit que Frédéric Soulié avait des droits éclatants à être admis dans ce sénat littéraire; comme ministre de l'Instruction publique et des lettres, il eût, au nom des lettres, au nom du pays, remercié Frédéric Soulié d'avoir contribué pour une si large part à l'illustration du siècle littéraire que nous avons le bonheur de voir rayonner autour de nous.

» Adieu, mon cher camarade! même en prononçant

cet adieu suprême, il me semble que tu demeures toujours avec nous, puisque nous conservons ton souvenir et tes beaux ouvrages ! »

« Les mêmes qualités signalées dans le discours de M. le baron Taylor, mais à un degré plus touchant encore, distinguent les derniers adieux de M. Antony Béraud à cet ami qu'il a entouré jusqu'à la fin d'une sollicitude toute paternelle. On voyait que les larmes du directeur de l'Ambigu-Comique étaient des larmes sincères ; on comprenait qu'il avait assisté à cette agonie douloureuse, et qu'en effet il avait fermé les yeux de l'homme enfermé désormais dans ce cercueil.

» Surtout dans le discours de M. Antony Béraud, nous avons remarqué, chose touchante, les derniers vers que Frédéric Soulié ait dictés à son lit de mort, enfants douloureux de son agonie, dernier reflet de cette intelligence qui se défendait encore contre la mort ; des sanglots, des souvenirs, des étincelles, des nuages, tout le passé, toute la jeunesse, tous les regrets. Ces vers ont été recueillis au chevet du mourant par M. Collin, qui l'a entouré jusqu'à la fin de sa tendresse, de son respect, par un homme à qui nous devons bien de la reconnaissance pour ce dévouement à toute épreuve :

« Voici les paroles de M. Antony Béraud :

« Messieurs, ceci est le récit intime et simple d'intimes douleurs. Quel est celui d'entre vous, quelque jeune qu'il soit, qui n'ait pas déjà pleuré sur une tombe? Rappelez-vous le père, la mère, le frère, l'ami que vous avez perdu, et vous comprendrez... et vous pardonnerez à ces confidences de l'amitié.

» J'ai passé la dernière nuit près de ces restes sacrés que bientôt je ne devais plus revoir... J'ai prononcé la dernière prière et j'ai fait les derniers adieux en déposant un dernier baiser à ce noble front qui ne s'inspira jamais que de hautes et dignes pensées ; à ces yeux qu'enflammaient de si magnifiques regards tout sentiment généreux, tout élan de dévouement, de courageuse amitié et de patriotisme ; à cette bouche éloquente, qui n'eut jamais que de bonnes et dignes paroles. Puis les serviteurs de la mort sont venus, et ils l'ont paré pour la tombe, et moi, je me suis retiré devant eux pour aller pleurer seul... et pour me recueillir dans ma douleur.

» Messieurs, vous les frères, les amis de l'ami et du frère que j'ai perdu, vous, les nobles rivaux de l'écrivain dont s'honorait la patrie, vous n'attendez pas de moi une appréciation plus ou moins rapide des écrits qui illustreront sa mémoire, ni le récit des actes de sa vie passée. Vous les connaissez tous. Les uns et les autres ont été exposés au grand jour... et tous ont pu, je le dis avec orgueil, en supporter l'éclat. Sa vie d'homme et d'écrivain peut se résumer en un seul mot, qui, je le crois, est le plus bel éloge qu'on puisse faire et de l'écrivain et de l'homme : *Frédéric a résolu un problème presque insoluble jusqu'à lui*: du génie, des triomphes et pas un ennemi.

» Permettez-moi de vous parler seulement des derniers instants de sa vie, alors que, si près d'entrer dans l'éternel sommeil, il était à nos yeux le plus noble et le plus imposant spectacle que l'homme puisse offrir à l'homme : celui d'une âme pure qui se ravive dans toute son éclatante lumière, qui semble rejeter loin d'elle tous les liens de la matière, d'une âme face à face avec son Dieu, empruntant d'en haut d'étonnantes paroles pour apprendre aux autres comment il faut mourir.

» Certes, après la lettre de mon digne et excellent Achille Collin, lettre qui est tout simplement un chef-d'œuvre de délicatesse et de sentiment, de cette poésie déchirante qui part du cœur, je pourrais me taire, et vous relire seulement ce touchant récit. — Mais j'ai aussi un devoir à remplir, et peut-être écouterez-vous avec l'intérêt de l'amitié fraternelle quelques autres détails sur cette mort si digne d'une belle vie.

(Ici M. Béraud a raconté les détails de l'agonie de Frédéric Soulié, détails que nos lecteurs connaissent déjà.)

» Alors commença, si je puis dire ainsi, continue M. Béraud, son agonie poétique, force miraculeuse qui se développait cinq minutes avant la mort, inconcevable puissance, récit presque incroyable auquel vous voudrez bien croire cependant; car j'en fais le serment, ceci est vrai, comme il est vrai que Frédéric était l'homme d'honneur par excellence.

» J'ai fait des vers tout à l'heure... nous dit-il,

voyons si je m'en souviens!... Et nous de nous écrier, ménageant chaque étincelle de ce foyer qui s'éteignait... — Ami, de grâce, ne cherchez pas... — Si, si... oh! laissez-moi ce doux rappel... Écrivez Collin. Et alors d'une voix qui s'éteignait et se ravivait par intervalles, il chanta, le cygne superbe, dont les derniers accents allaient se perdre dans la tombe :

> Louise, noble cœur, ange aux regards si doux,
> Quand l'ange de la mort, presque vaincu par vous,
> Oubliait de frapper sa victime expirante...
> Pour le pauvre martyr, vous l'image vivante
> De tous célestes dons et de toutes vertus,
> Que vous dire, âme d'or, ma sainte bienfaisante?
> Vous m'avez tenu lieu, sœur, de ma sœur absente;
> Mère, de ma mère qui n'est plus....
>
> Je n'achèverai point mon pénible labeur!
> Plus de récolte... Hélas! imprudent moissonneur,
> Hâtant tous les travaux faits à ma forte taille,
> Je jetais au grenier le froment et la paille,
> De mon rude labeur nourrissant ma maison,
> Sans m'informer comment s'écoulait la moisson!
>
> Viens près de moi, Béraud... et vous, Massé, Collin!
> Près de moi, près de moi... car voici bientôt l'heure!
> Voici qu'on me revêt de ma robe de lin
> Pour entrer dignement dans....

« Et sa voix s'arrêta, — et ses yeux, vitrés par le

froid de la mort, s'éteignirent lentement; deux grosses larmes coulèrent, et les nôtres commencèrent aussi de couler pour ne plus s'arrêter jamais. »

« Et tout finit là! Et cet homme qui, dans ses livres, dans ses drames, menait de front tant d'êtres créés par lui, un mot l'arrête... ce grain de sable qui nous dit : *Tu n'iras pas plus loin!*

» Sont venus ensuite deux amis du poète mort, M. Belmontet, son compatriote, son ami d'enfance, et M. Adolphe Dumas. M. Adolphe Dumas a récité des stances écrites le matin même; M. Belmontet a déclamé un dithyrambe.

» Un dernier incident a signalé cette longue journée : — tout était dit, les soldats de la ligne allaient saluer d'une dernière salve cette tombe à demi fermée, lorsque la foule, qui avait applaudi au gré de ses passions les divers orateurs, s'est mise à appeler : *Alexandre Dumas! Alexandre Dumas!* — Le public avait reconnu M. Alexandre Dumas à sa taille, à son visage, à son geste, — et, le voyant, le public voulait l'entendre. — Ainsi sollicité, M. Alexandre Dumas s'avance : il veut parler, les larmes étouffent sa voix ; il parle, les sanglots l'interrompent... il s'arrête, il s'arrache à l'ovation. Il n'a pas été le moins éloquent de tous ces hommes qui ont tenu ce peuple attentif pendant deux heures, — attentif à la louange d'un écrivain !

» On s'est retiré en bon ordre et en silence, sans confusion, et d'une façon beaucoup plus convenable qu'on n'eût pu l'espérer. Tant d'honneurs rendus en dehors de l'Académie française ! C'est une journée qui comptera dans l'histoire littéraire de ce temps-ci ! »

Jules Janin.

Voici une page curieuse, écrite au courant de la plume et sans aucune prétention d'écrivain, par Frédéric Soulié lui-même. C'est sa propre auto-biographie adressée par lui il y a quelques années à M. Lemoit, fondateur du *Biographe*, qui la lui avait demandée.

« Monsieur,

» J'ai reçu les deux lettres que vous m'avez fait l'honneur de m'écrire, et, en vérité, je suis fort embarrassé d'y répondre. Il est bien difficile à un homme qu'on interroge sur son compte de ne répondre que ce qui est convenable. Il se glisse toujours dans le récit le plus succinct quelque chose de l'opinion qu'on a de soi ; et, soit qu'on s'estime trop ou trop peu, on s'expose à passer pour avoir beaucoup de vanité avouée ou de fausse modestie. Je vais cependant faire de mon mieux, et si je mets dans cette lettre des circonstances qui vous paraissent inutiles, attribuez-les, je vous prie, à ma maladresse et non point au désir de faire de mon avis quelque chose d'important.

» Recevez, je vous prie, monsieur, l'assurance de ma parfaite considération,

» Frédéric Soulié. »

« Je suis né à Foix (Ariége), le 23 décembre 1800. Ma naissance rendit ma mère infirme. Elle quitta ma ville natale quelques jours après ma naissance, et, bien que je sois souvent retourné dans mon département et à quelques lieues de Foix, je ne l'ai jamais vue. Je demeurai avec ma mère dans la ville de Mirepoix jusqu'à l'âge de quatre ans. Mon père était employé dans les finances et sujet à changer de résidence. Il me prit avec lui en 1804. En 1808 je le suivis à Nantes, où je commençai mes études. En 1815 il fut envoyé à Poitiers, où je fis ma rhétorique. Mon premier pas, dans ce que je puis appeler la carrière des lettres, me fit quitter le collége. On nous avait donné une espèce de fable à composer, je m'avisai de la faire en vers français. Mon professeur, qui était un séminariste de vingt-cinq ans, trouva cela si surprenant, qu'il me chassa de la classe, disant que j'avais l'impudence de présenter comme de moi des vers que j'avais assurément volés dans quelque *Mercure*. Je fus me plaindre à mon père, qui savait que, dès l'âge de douze ans, je rimais à l'insu de tout le monde. Il se rendit auprès de mon professeur, qui ne lui répondit autre chose que ceci : « qu'il était impossible qu'un écolier fit des vers français. — Mais, lui dit mon père, vous exigez bien que cet écolier fasse des vers latins. — Oh ! ceci est différent, reprit le professeur, je lui enseigne comment cela se fait, et puis il a le *Gradus ad Parnassum.* » Je note cette anecdote, non pas pour ce qu'elle a d'intéressant, mais pour la réponse du professeur. Mon père me fit quitter le collége et se chargea de me faire faire ma philosophie. Il avait été lui-même, à vingt ans, professeur de philosophie à l'Université de Toulouse, qu'il quitta pour se faire soldat en 1792. Il s'était retiré avec le grade d'adjudant général, par suite d'une maladie contractée dans les reconnaissances qu'il avait faites sur les Alpes pour l'expédition d'Italie.

» Je reviens à moi. Quelque temps après ma sortie du collége, mon père fut accusé de bonapartisme et destitué. Il vint à Paris, et je l'y accompagnai. J'y achevai mes études. J'y fis mon droit assez médiocrement, mais avec assez de turbulence pour être expulsé de l'École, pour avoir signé des pétitions libérales et pris une part active à la révolte contre le doyen, qui me fit expédier ainsi que mes camarades à l'École de Rennes, où nous achevâmes notre droit comme des forçats, sous la surveillance de la police. On m'avait signalé comme carbonaro. Je profitai de mon exil pour établir une correspondance entre les ventes de Paris et celles de Rennes. Mon droit fini, je rejoignis mon père à Laval, où il avait repris son emploi. J'entrai dans ses bureaux, et bientôt après dans l'administration ; j'y demeurai jusqu'en 1826, époque à laquelle mon père fut mis à la retraite pour avoir mal voté aux élections.

» Un mot sur mon père, monsieur. Le voilà deux fois destitué ; est-ce à dire que ce fût un homme incapable et turbulent ? Quoiqu'on puisse suspecter ma réponse de partialité, je puis le dire, parce que cela est une chose irrécusable pour tous ceux qui le connaissent, mon père était l'administrateur le plus distingué de sa partie (les contributions) ; ses travaux lui avaient valu l'approbation de l'Empereur, et peut-être s'en souvenait-il trop, voilà tout. Il regrettait un temps où, caché dans le fond d'une province, il avait, sans appui, sans protection, sans sollicitation, obtenu un rapide avancement dû à la supériorité seule de ses travaux. Vous me pardonnerez la digression. Je quittai l'administration quand mon père en fut exclu, et revins avec lui à Paris. J'avais occupé mes loisirs de province à faire quelques vers ; je les publiai sous le titre d'*Amours françaises*. Ce petit volume passa assez inaperçu, si ce n'est dans quelques salons où survivait encore la mode des lectures à apparat. Je m'y liai avec presque tous les hommes qui étaient ou qui sont devenus quelque chose en littérature. Casimir Delavigne m'encouragea avec une grâce parfaite, et je devins l'ami de Dumas, lorsqu'il n'avait encore pour toute supériorité que la beauté de son écriture. Mon succès n'avait pas été assez éclatant pour me montrer la carrière des lettres comme un avenir assuré. Je devins directeur d'une entreprise de menuiserie mécanique.

» Ce fut pendant que j'étais fabricant de parquets et de fenêtres que je fis *Roméo et Juliette*. Nous étions déjà en 1827. Cet ouvrage fut reçu à l'unanimité au Théâtre-Français. Mais on décida, sans la connaître, de lui préférer une tragédie que M. Arnault fils promettait sur le même sujet. Sa tragédie finie, elle fut peu accueillie. Alors on se tourna vers une traduction de Shakspeare, par M. Émile Deschamps. J'appris tout cela par hasard. Je portai ma pièce à l'Odéon : j'eus mille peines à obtenir une lecture. Je dus cette faveur à Janin, qui était déjà une autorité et qui faisait trembler les directeurs dans ses feuilletons du *Figaro*. Je fus reçu, joué, applaudi. Je me fis décidément homme de lettres. A partir de là, voici toute ma vie littéraire. Je donnai *Christine* à l'Odéon, drame en cinq actes et en vers, tombé d'une façon éclatante. J'avais fait cet ouvrage avec amour, je fus désolé, désolé surtout de l'abandon des journalistes, qui, après nous avoir poussés, nous autres jeunes gens, dans une voie d'affranchissement, désertèrent la cause à son premier essai. L'*Christine* n'en est pas moins ce que j'ai fait de mieux. Je quittai le théâtre, je m'attachai aux journaux. Je fis le *Mercure*, je fus du *Figaro*. Pendant l'année 1830 je fis jouer une petite pièce en deux actes, ayant pour titre *Une nuit du duc de Montfort*; elle me rapporta plus d'argent que mes deux tragédies, toute médiocre qu'elle fût. La révolution de 1830 arriva, j'y pris part, je me battis. Je suis décoré de juillet, ce qui ne prouve rien, mais enfin je me suis battu. Je travaillais à cette époque à *la Mode* et au *Voleur*, avec Balzac et Sue.

« Malgré mon peu de succès au théâtre, je tentai encore une fois la chance. Je fis une pièce en cinq actes et en prose, de moitié avec M. Cavé. Elle s'appelait *Nobles et Bourgeois*, nous tombâmes encore. Je me résignai à abandonner le théâtre, malgré les encouragements de mes amis, qui disaient trouver dans un excès de force dramatique la cause de mes chutes. Je continuai ma collaboration à presque tous les recueils qui ont paru, soit en vers ou en prose. Enfin je rentrai au théâtre par *la Famille de Lusigny*, qui obtint un succès honorable. Puis je fis *Clotilde*, qui fut très-critiquée et beaucoup jouée. J'ai fait encore *une Aventure sous Charles IX* très-critiquée et passablement applaudie. A l'époque où je donnais *Clotilde*, je publiai *les Deux Cadavres*. On a fait de ce livre mon meilleur titre à l'estime, quelle qu'elle soit, qu'on a de moi.

» Bientôt après, je recueillis, sous le titre du *Port de Créteil*, des contes et nouvelles tant inédits que déjà publiés. Depuis encore, j'ai fait imprimer *le Vicomte de Béziers*; et votre article ne sera pas imprimé, que deux nouveaux volumes auront paru sous le titre de : *le Magnétiseur*. En somme, depuis que j'ai commencé à écrire, j'ai fait jouer neuf pièces (j'ai oublié de parler plus haut de *l'Homme à la Blouse* et du *Roi de Sicile*), dont quatre en cinq actes et trois en trois actes. Quatre de ces pièces sont restées au répertoire du Théâtre-Français. J'ai publié neuf volumes, dont six de romans historiques, deux de contes et un de poésies. Enfin je ne sache pas de recueil où je n'aie travaillé : dans les *Cent et Un*, *Paris moderne*, *l'Europe littéraire*, *la Mode*, *la Revue de Paris*, *le Musée des Familles*, *le Journal des Enfants*, etc., etc. Voilà tout ou à peu près, et voilà peut-être beaucoup trop ; faites-en ce qu'il vous plaira.

» Voici mon nom exactement :

» Melchior-Frédéric Soulié. »

Nous trouvons dans le journal *le Siècle* du 28 septembre la note suivante de M. Charles de Matharel :

« En écrivant hier à M. Achille Collin pour lui demander les détails de la fin de notre illustre collaborateur, nous nous étions aussi adressé à Alexandre Dumas ; nous avons reçu, trop tard pour pouvoir l'insérer hier, les quelques lignes que nous nous empressons de publier aujourd'hui.

» Appelé hier par les cris de la foule à faire entendre sa voix sur la tombe de Frédéric Soulié, Dumas, vaincu par son émotion, n'a pu que sangloter. Il aimait

Soulié du fond du cœur. Voici, au surplus, ce qu'il nous écrivait avant-hier :

Mon cher Matharel,

Vous me demandez si j'ai conservé dans ma mémoire quelques faits de la vie littéraire de notre pauvre Frédéric. En voici un qui m'est relatif :

Il y a vingt-deux ou vingt-trois ans que je connais Frédéric. Nous avons débuté ensemble ; seulement il avait pris l'antériorité sur moi. Une traduction ou plutôt une imitation du *Roméo et Juliette* de Shakspeare fut son premier ouvrage dramatique ; une élégie faite d'après un tableau d'Horace Vernet pour la galerie de M. le duc d'Orléans, et intitulée la *Folle de Waterloo*, fut une de ses premières pièces de poésie.

Frédéric Soulié, plus âgé que moi de cinq ans à peu près, dirigeait alors une scierie mécanique à la Gare, près le Jardin des Plantes. Nous passions une partie de nos soirées ensemble, et nous essayions, pendant ces soirées, d'écrire, pour la Porte-Saint-Martin, un drame des *Puritains d'Écosse*. Le rôle de Balfour de Burley nous avait séduit pour Frédérick Lemaître.

En cherchant dans la biographie de Michaud un renseignement sur Charles Ier, je tombai sur l'article *Christine*, et, en le lisant, je m'arrêtai à l'épisode de la mort de Monaldeschi.

— Pardieu, mon cher, dis-je à Soulié, il y a là-dedans tout un drame.

— Je le sais bien, répondit-il.

— Veux-tu le faire ensemble?

— Non, je tiens à faire un ouvrage seul. Mon *Roméo* n'est qu'une traduction, et, par conséquent, est bon pour un début, mais doit être promptement et vigoureusement soutenu. C'est mon avant-garde. Si mon avant-garde, composée de troupes étrangères, plie, il faut que je puisse faire donner mon corps d'armée, composé de troupes nationales.

— Alors, mon cher ami, fais de ton côté, je ferai du mien.

— A merveille!

— Mais tu comprends, n'est-ce pas, sans rivalité, sans haine, sans refroidissement?

— Cela va sans dire.

Nous nous donnâmes la main, et ce fut chose convenue que chacun de nous ferait sa *Christine*.

Nos *Puritains d'Écosse*, abandonnés quelques jours après pour les premiers travaux de ce nouveau drame, ne virent jamais le jour.

J'eus fini mon œuvre le premier. Soulié travaillait difficilement. C'était par rayons aigus que la lumière filtrait dans cette tête si vigoureusement organisée, et jamais cette lumière, éblouissante là où elle frappait, n'était assez complète pour éclairer le vaste chaos de sa pensée. Il en résultait que certaines portions de son œuvre restaient dans l'ombre. De sorte que ce monde inconnu qu'il portait en lui, pareil à notre monde réel, lumineux d'un côté, demeurait presque toujours de l'autre à moitié plongé dans la nuit.

Je lus ma *Christine* au Théâtre-Français; elle fut reçue.

Soulié, trois ou quatre mois après, lut la sienne à l'Odéon; elle fut reçue également. Dans l'intervalle, sa tragédie de *Roméo* avait été jouée et avait obtenu un beau succès.

Christine fut jouée à son tour. Moins heureuse que *Roméo*, *Christine* tomba. Harel était à cette époque directeur du théâtre de l'Odéon.

C'était un homme auquel il poussait trois ou quatre idées par heure. Au nombre de celles qui lui vinrent pendant l'heure qui suivit le baisser du rideau, il y en eut une qui se manifesta à moi le lendemain par cette lettre :

« Mon cher Dumas,

» La Comédie-Française, fidèle à ses traditions d'inhumation littéraire, vous a reçu votre *Christine* pour ne jamais vous la jouer. — Je vous la reçois, moi, pouvant la jouer tout de suite; vous aurez neuf du cent de la recette et vous serez joué par mademoiselle Georges, par Ligier, par Lockroy et l'élite de la troupe.

» Je trouve original de jouer sur le même théâtre, avec les mêmes artistes, deux pièces sous le même titre, faites en même temps, je ne dirai pas par deux rivaux, mais par deux amis.

» Tout à vous,

» HAREL. »

La proposition était trop galante pour ne pas me séduire : cependant elle soulevait un remords dans mon esprit ou plutôt dans mon cœur. — Ne serait-ce pas un chagrin pour Soulié que cette substitution si rapide d'une œuvre à une autre, — et plus qu'un chagrin, une douleur si je réussissais là où il venait de tomber !

Je lui envoyai la lettre d'Harel, sans y rien ajouter, sans lui rien faire dire.

Le lendemain je la reçus, il y avait ajouté ce *post-scriptum* :

« Merci du bon procédé.

» Ramasse les morceaux de ma *Christine*, fais balayer le théâtre et prends-le, je te le donne.

» Tout à toi,

» F. SOULIÉ. »

Le lendemain ma *Christine* était lue aux acteurs et le surlendemain mise en répétition.

La veille de la répétition générale, je fis prévenir Soulié que, s'il voulait faire le voyage de l'Odéon, il me ferait grand plaisir.

Soulié vint.

Ceux qui ont vu cette répétition générale se rappelleront l'immense succès qu'eut la pièce à cette répétition. Je puis le dire, *Christine* étant, avec certain *Laird de Dumbesky*, celui de tous mes ouvrages dramatiques qui a été le plus cruellement sifflé.

Pendant toute cette répétition, je n'eus d'yeux que pour Frédéric. L'avis de Frédéric me semblait, au milieu de tous ces applaudissements, le seul dont je dusse me préoccuper.

Pendant les premiers actes, il resta froid. Mais au quatrième et au cinquième, il fut pris comme les autres.

Je le vis sortir, je sortis. Nous nous rencontrâmes dans le corridor. Il se jeta à mon cou.

— Ma foi, mon ami, me dit-il avec cet accent auquel il n'y a pas à se tromper, les autres te diront ce qu'ils voudront, mais je te dirai, moi, que tu as fait une belle chose.

— Merci, merci !

J'étouffais fort, je me le rappelle, en disant cela.

— Maintenant, continua-t-il, as-tu distribué tes billets ?

— Pas encore.

— Allons, donne-moi tous les parterres que tu pourras me donner. Je t'amène demain mes scieurs de long ; je me mets à leur tête, et tu vas voir comme nous allons te mener.

Je donnai cinquante places à Soulié.

Soulié les distribua à ses cinquante scieurs de long.

Sans Soulié et sans ses cinquante scieurs de long, je suis convaincu que la pièce n'eût point été jusqu'à la fin.

Voilà ce qu'a fait Soulié, mon cher Matharel. Ouvrez les annales dramatiques du monde entier, et vous n'y trouverez pas, j'en suis certain, un fait analogue à celui-ci.

C'est un des plus grands et un des meilleurs qui nous a dit adieu.

Tout à vous,

ALEXANDRE DUMAS.

Que pourrions-nous ajouter après les citations qui précèdent? notre tâche ne se trouve-t-elle pas entièrement remplie?

Nous terminerons en annonçant que Frédéric Soulié a laissé deux pièces de théâtre qui vont être mises en répétition. L'une, intitulée *Le vieux Paris*, grand drame historique en cinq actes, divisés en tableaux, appartient au théâtre de l'Ambigu-Comique, et l'autre, drame-vaudeville en deux actes, qui porte le titre de *Une Fatalité*, sera très-prochainement représentée sur le théâtre du Vaudeville. On parle également d'un troisième drame dont le nom serait *le Médecin du Pauvre*.

Voici la liste à peu près complète des œuvres de Frédéric Soulié.

DRAMES.

Le Médecin du pauvre.
Christine.
Clotilde.
Diane de Chivry.
Eulalie Pontois.
Gaëtan.
La Closerie des Genêts.
La Famille de Lusigny.
Le Fils du Diable.
L'Homme à la blouse.
L'Ouvrier.
Le Proscrit.
Le Roi de Sicile.
Les Amants de Murcie.
Les Étudiants de Paris.
Les Talismans.
Le Vieux Paris.
Nobles et Bourgeois.
Roméo et Juliette.
Une Aventure sous Charles IX.
Une Fatalité.
Une Nuit du duc de Montfort.

POÉSIES.

Amours françaises, 1 vol. in-8°. (Avec un beau portrait de l'auteur, gravé sur acier, et un *fac-simile* de son écriture.)

ROMANS.

Amours de Victor Bonsenne, 3ᵉ partie des *Drames inconnus*, 3 vol. in-8°.
Au jour le jour, 4 vol. in-8°.
Aventures d'un jeune cadet de famille, 2ᵉ partie des *Drames inconnus*, 3 vol. in-8°.
Aventures de Saturnin Fichet, 8 vol. in-8°.
Confession générale, 7 vol. in-8°.

Deux séjours, 2 vol. in-8°.
Diane et Louise, 2 vol. in-8°.
Eulalie Pontois, 2 vol. in-8°.
Huit jours au château, 5 vol. in-8°.
Julie, 2ᵉ partie de la Comtesse de Monrion, 7 vol. in-8°.
La Chambrière, 1 vol. in-8°.
La Comtesse de Monrion, divisé en deux parties, 11 vol. in-8°.
La Lionne, 1ʳᵉ partie de la Comtesse de Monrion, 4 vol. in-8°.
La Maison n° 3 de la rue de Provence, 1ʳᵉ partie des Drames inconnus, 4 vol. in-8°.
Le Bananier, 3 vol. in-8°.
Le Château des Pyrénées, 5 vol. in-8°.
Le Château de Walstein, 3 vol. in-8°.
Le Comte de Foix, 2 vol. in-8°.
Le Comte de Toulouse, 2 vol. in-8°.
Le Conseiller d'État, 2 vol. in-8°.
L'Homme de Lettres, 3 vol. in-8°.
Le Lion (Mystères), faisant partie du Foyer de l'Opéra, 2 vol. in-8°.

Le Magnétiseur, 2 vol. in-8°.
Le Maître d'école, 2 vol. in-8°.
Le Port de Créteil, recueil de contes et nouvelles, 2 vol. in-8°.
Les Deux Cadavres, 2 vol. in-8°.
Les Drames inconnus, divisé en quatre parties, 15 vol. in-8°.
Les Mémoires du Diable, 8 vol. in-8°.
Les Prétendus, 2 vol. in-8°.
Les Quatre Époques, 2 vol. in-8°.
Les Quatre Napolitaines, ou le Duc de Guise, 4 ou 5 vol. in-8°.
Les Quatre Sœurs, 4 volumes in-8°.
Le Vicomte de Béziers, 2 volumes in-8°.
Olivier Duhamel, 4ᵉ partie des Drames inconnus, 5 vol. in-8°.
Marguerite, 3 vol. in-8°.
Sathaniel, 2 vol. in-8°.
Si jeunesse savait!.. Si vieillesse pouvait!.., 1 volume grand in-8° ou 6 vol. in-8° ordin.
Un Été à Meudon, 2 vol. in-8°.
Une Maison de campagne à vendre, 1 vol. in-8°.
Un Rêve d'Amour, 1 vol. in-8°.

www.ingramcontent.com/pod-product-compliance
Lightning Source LLC
LaVergne TN
LVHW020943090426
835512LV00009B/1695